GUSTAVE-ADOLPHE

Gustave-Adolphe n'avait que 16 ans quand il monta sur le trône, à la mort de son père Charles IX. Sa jeunesse s'était passée dans l'étude de l'histoire et dans l'apprentissage des choses de la guerre; tout enfant, Gustave II s'était senti comme prédestiné à conduire son peuple sur le grand théâtre de l'histoire du monde.

Son premier soin, en arrivant au pouvoir, fut de s'entourer de sages conseillers et d'hommes de mérite, à la tête desquels il plaça le chancelier Oxenstiern. La Suède était alors en guerre

TROIS

GRANDS CAPITAINES

PAR

J. RIBIÈRE

PARIS

H. LECÈNE ET H. OUDIN, ÉDITEURS

17, RUE BONAPARTE, 17

ONZIÈME SÉRIE. — Format in-18.

POITIERS. — TYPOGRAPHIE OUDIN.

GUSTAVE II OU GUSTAVE-ADOLPHE

DIT LE GRAND ROI DE SUÈDE

GUSTAVE II ou GUSTAVE-ADOLPHE

DIT LE GRAND ROI DE SUÈDE.

Né le 9 décembre 1594, mort le 16 novembre 1632.

GUSTAVE-ADOLPHE

Gustave-Adolphe n'avait que 16 ans quand il monta sur le trône, à la mort de son père Charles IX. Sa jeunesse s'était passée dans l'étude de l'histoire et dans l'apprentissage des choses de la guerre ; tout enfant, Gustave II s'était senti comme prédestiné à conduire son peuple sur le grand théâtre de l'histoire du monde.

Son premier soin, en arrivant au pou-voir, fut de s'entourer de sages conseillers et d'hommes de mérite, à la tête desquels il plaça le chancelier Oxens-tiern. La Suède était alors en guerre avec trois puissances : le Danemark, la Russie et la Pologne. Gustave conclut la paix avec les deux premières, dota son pays de sages institutions, et, n'ayant plus qu'un ennemi devant lui, l'attaqua résolument.

Pour que son peuple pût obtenir quelque importance en Europe, il fallait qu'il le rendît maître des rives de la Baltique et l'établît fortement sur le continent; il fut bientôt en possession de l'Ingrie, de la Carélie, de la Livonie et d'une partie de la Prusse. Maintenant, il allait commencer l'exécution de son vaste plan.

Dévoué partisan de la Réforme, Gustave-Adolphe ne put assister impassible à la guerre déclarée aux protestants par l'empereur d'Allemagne, Ferdinand II, dont les généraux Tilly et

Wallenstein envahissaient les Etats, et s'avançaient jusque sur la Baltique. Plusieurs motifs graves l'engageaient du reste à prendre part à la guerre, qui depuis a pris le nom de guerre de « Trente Ans » (1618-1648). Il avait été provoqué et blessé par l'empereur Ferdinand ; ses paroles en faveur des protestants allemands n'avaient pas été écoutées, et l'on avait refusé sa médiation pour la paix avec le Danemark ; et puis, il ne pouvait oublier que Wallenstein avait envoyé dix mille Impériaux contre lui au secours de la Pologne. Mais bien plus encore que tous ces griefs, qui pouvaient facilement s'arranger avec des paroles, il était appelé par le grand danger de l'église protestante, et par la crainte qu'il ne s'élevât sur les rives de la mer Baltique, en la personne de

Wallenstein, une nouvelle puissance dévouée à la Maison d'Autriche et au parti catholique.

Richelieu, instruit de l'état d'esprit dans lequel se trouvait le roi de Suède, n'eut pas de peine à le décider à entrer en lutte, soutenu par les subsides de la France, et Gustave déclara la guerre à l'empereur d'Allemagne.

Avant son départ, il réunit les Etats, leur fit connaître ses dernières volontés et désigna pour son successeur, au cas où cette guerre lui serait fatale, sa fille Christine. Le 4 juillet 1630, il débarquait en Poméranie avec quinze mille Suédois.

— Nous avons, ce semble, un nouvel ennemi, dit l'Empereur en apprenant le débarquement de Gustave ; ce roi de neige fondra, en s'approchant du soleil impérial.

Ferdinand sut bientôt ce que valait cette petite armée, composée de héros et de guerriers qui semblaient venus d'un autre monde et que commandait un capitaine comme Gustave-Adolphe.

« Aussi jaloux des bonnes mœurs de ses soldats que de leur gloire militaire, dit Schiller, l'historien de la guerre de Trente Ans, le roi punissait sévèrement le sacrilège, le pillage, le jeu, le duel et tous les excès. La sobriété et la tempérance faisaient partie des lois de son code militaire : aussi ne voyait-on, sous les tentes suédoises, sans en excepter celle du roi, ni or ni argent, ni mets recherchés, ni liqueurs enivrantes. » Au milieu des pompes et de la royale élégance de la cour de Louis XIII, la tenue de Gustave contrastait singulièrement : il portait une veste grise, une culotte d'étoffe grossière, un chapeau rond sans ornement. Doué d'un courage et d'une bravoure que rien ne pouvait égaler, il chargeait à la tête de ses régiments de Suédois et luttait corps à corps avec l'ennemi ; un gentilhomme français, au service de l'Empereur, eut l'honneur de combattre avec lui dans une mêlée, et de lui enlever son chapeau.

Gustave-Adolphe commença par s'emparer de la Poméranie et du Brandebourg, que ne put défendre le général autrichien Torquato Conti ; celui-ci, se sentant vaincu, demanda une trêve, à cause du froid ; le roi de Suède lui répondit :

— Les Suédois sont soldats en hiver comme en été, ils n'ont pas envie d'achever la ruine du pays en s'y faisant nourrir pour rien ; en tous cas, les Impériaux sont les maîtres de se reposer ; quant à nous, nous ne resterons pas oisifs.

Puis il partit pour aller délivrer Magdebourg attaquée par Tilly ; malheureusement, il arriva trop tard : la ville, tombée au pouvoir des Impériaux (20 mai 1631), n'était plus qu'un monceau de ruines. La ville, prise d'assaut, fut mise à sac ; il n'y eut pour les habitants ni grâce ni pitié : hommes, femmes, enfants, vieillards, tout fut massacré ; les enfants même étaient frappés dans les bras de leurs mères et jetés dans les flammes. Il n'est pas de cruautés, pas de tourments humains, qui n'aient été exercés dans ce jour effroyable. Quelques hommes, poussés par l'humanité, allèrent supplier Tilly de faire cesser le carnage ; mais il répondit froidement :

— Laissez-les faire encore une heure, puis venez me trouver. Au reste, il faut bien que le soldat s'amuse et qu'il ait une récompense de sa peine et de ses dangers.

Le soir, à dix heures, cette grande et magnifique ville n'était plus qu'un monceau de cendres. Plus de vingt mille hommes avaient péri, par le fer et le feu. Trois jours après, Tilly parcourait à cheval ce champ de désastre, et le lendemain il écrivait à l'Empereur que l'on n'avait jamais vu rien de pareil depuis la destruction de Troie et de Jérusalem.

Le 17 septembre de la même année, Gustave-Adolphe vengea le sac de Magdebourg ; il rencontra l'armée de Tilly devant Leipsick, la tailla en pièces, et Tilly, couvert de blessures, voyait se perdre en un jour tout le renom qu'il avait acquis. A partir de ce moment, les victoires des Suédois se succèdent sans interruption : Gustave-Adolphe passe le

Rhin à Mayence, chasse les Impériaux du Palatinat, ravage l'Electorat de Trèves et menace la Bavière ; puis, traversant le Lech, inflige une seconde défaite à Tilly. Désespéré, le vieux Tilly va mourir à Ingolstadt. « Puisse, s'écrie Schiller, cette expiation terrible l'avoir emporté, dans les balances de la Justice éternelle, sur les cruautés qui ont souillé sa vie ! »

Le Lech franchi, Gustave-Adolphe s'empare d'Augsbourg, dévaste la Bavière et menace les Etats héréditaires de la Maison d'Autriche.

Cependant, l'Empereur supplie Wallenstein, qu'il a chassé, de reprendre le commandement de l'armée, et d'arrêter les Suédois ; Wallenstein accepte et, réunissant quarante mille hommes, court à Nuremberg, où Gustave s'est arrêté. Wallenstein l'y cerne et lui coupe les vivres ; mais la maladie se déclare dans les rangs des deux armées et les force de se reposer. Gustave veut pousser en Autriche ; mais, instruit que Wallenstein se jette sur la Saxe, il accourt avec vingt mille hommes, passe la Saal à Naumbourg, se joint aux Saxons et poursuit Wallenstein, qui s'arrête à Lutzen. C'est dans cette plaine que se livre la bataille qui doit décider de la grande querelle.

Le 16 novembre 1632, les armées se trouvèrent en présence ; il faisait un froid excessif. Avant le jour, le roi fait sa prière à la tête de son armée ; aussitôt, chaque soldat se prosterne et tous entonnent un chant religieux qu'accompagnent les musiques des régiments. Vers onze heures, le brouillard se dissipe ; on aperçoit l'ennemi et la ville de Lutzen que Wallenstein a fait incendier pour assurer son flanc. Gustave-Adolphe monte à cheval et va se placer en tête de l'aile droite ; Bernard de Weimar commandait l'aile gauche. « En avant ! à la garde de Dieu ! Je combats pour ton nom et ta gloire ! » s'écrie le roi ; et il refuse sa cuirasse en disant : « Dieu est ma cuirasse ». Les deux armées se précipitent l'une sur l'autre.

Victorieux à la tête de sa cavalerie, Gustave apprend que l'infanterie recule. Il accourt avec ses cavaliers et s'avance trop loin pour examiner le point faible de l'ennemi ; il n'était accompagné que de quelques hommes et du duc François de Saxe-Lauenbourg. Comme il avait la vue basse, il s'approcha trop d'un escadron impérial ; un coup de feu l'atteignit au bras.

— Ce n'est rien ! cria-t-il. Suivez-moi !

Mais la douleur est plus forte que son courage ; il demande au duc de Lauenbourg de l'emmener hors de la mêlée ; un second coup lui traverse le dos.

— J'en ai assez, frère, soupire-t-il d'une voix expirante ; va-t-en, laisse-moi et sauve tes jours.

Et il tombe de cheval. Les escadrons lancés au galot passèrent sur lui et le foulèrent aux pieds.

Cependant, son cheval couvert de sang rejoint les Suédois, ils apprennent la triste nouvelle et s'élancent pour arracher à l'ennemi le cadavre de leur roi. En vain les Impériaux font des prodiges de valeur pour maintenir les positions conquises au début de l'action ; ils plient sur toute la ligne ; Papenheim est blessé à mort, et Wallenstein ordonne la retraite.

Gustave-Adolphe avait trente-huit ans.

Le lendemain, les Suédois cherchèrent le corps de leur roi parmi les milliers de morts qui couvraient le champ de bataille. On le trouva demi-nu, sous un monceau de cadavres, couvert de sang et mutilé par les pieds des chevaux ; il était méconnaissable ; il avait reçu onze blessures.

Gustave-Adolphe fut porté à Weissenfeld et de là emmené à Stockolm, par la reine Marie-Eléonore, qui avait suivi son mari en Allemagne.

Des jugements fort contradictoires ont été portés sur ce grand capitaine : les uns l'ont considéré comme un ambitieux qu'un ardent désir de conquête avait poussé sur le continent ; d'autres n'ont vu en lui qu'un guerrier fanatisé

1*

par sa croyance. Gustave-Adolphe obéit
à un autre sentiment : il sentait qu'il
était appelé à relever son peuple et
à le placer à son rang, parmi les autres
nations de l'Europe. S'il n'a pas entièrement réussi, il ne faut pas oublier qu'il
est mort à trente-huit ans, au moment
où il commençait à fonder son œuvre.

CHARLES XII, ROI DE SUÈDE

CHARLES XII, ROI DE SUÈDE

Né le 27 juin 1682 — mort le 11 décembre 1718.

CHARLES XII

Charles XII de Suède, fils de Charles XI et de la princesse danoise Ulric Eléonore, naquit à Stockholm le 27 juin 1682. Il passa ses premières années auprès de sa mère. Sans être d'une précocité remarquable, le jeune prince était cependant doué d'une intelligence fort vive, qui se développa rapidement sous l'habile direction de son précepteur Norcopensis.

Certaines parties de ses études étaient cependant très négligées : il parlait mal sa propre langue, et l'écrivait plus mal encore ; il apprit l'allemand, qui était alors le langage officiel de toutes les cours du Nord; mais il n'étudia sérieusement le latin que quand on lui dit que le roi de Danemark et celui de Pologne le parlaient couramment. L'histoire l'intéressait au plus haut point, surtout celle d'Alexandre, de César et de son illustre prédécesseur, Gustave-Adolphe.

Fort bien commencée, son éducation fut subitement interrompue par la mort de sa mère et de son précepteur, alors qu'il n'avait que douze ans; le chagrin qu'il en éprouva détermina un accès de fièvre qui se termina par une attaque de petite-vérole. Grâce à sa vigoureuse constitution, il vainquit la maladie; mais à dater de ce jour il s'adonna tout entier aux exercices physiques : à quatorze ans le jeune prince était déjà un cavalier consommé et un grand amateur de chasse à l'ours.

Charles XII n'avait pas quinze ans quand son père mourut ; par son testament, le feu roi confiait la présidence du Conseil de régence à sa mère, la reine Edwige Eléonore ; mais il ne fixait pas de date pour l'émancipation de son fils. D'après la Constitution suédoise, les princes étaient majeurs à 18 ans ; cependant, en présence des dissensions qui se manifestaient dans le Conseil, l'époque fut avancée, et Charles fut proclamé roi au mois de novembre de la même année ; il n'avait que quinze ans.

On fut tout d'abord étonné des changements qui survinrent dans la manière d'être du jeune Souverain ; tous ceux qui avaient compté sur la jeunesse et

le goût du roi pour la chasse furent
tout étonnés de trouver en lui un esprit
net, énergique et volontaire. Pendant
les assemblées du Conseil, il écoutait en
silence les arguments de chacun, puis
tout à coup interrompait l'orateur, lui
disant qu'il avait assez parlé, et que
depuis longtemps son opinion était faite.
Il traitait les affaires les plus importantes en dehors de ses conseillers et
de ses ministres, et souvent les convo-
quait uniquement pour leur communi-
quer les décisions qu'il avait prises.

Tout le temps dont il pouvait disposer en dehors de ses devoirs de Souverain, il le consacrait aux exercices
militaires et à la chasse. Plus ces
amusements étaient dangereux, plus
ils avaient de charme pour lui. Son
plaisir favori était la chasse à l'ours.

Un jour, il imagina qu'attaquer un ours avec une arme à feu est lâche, et qu'une pique ou un couteau est bien suffisant ; bientôt même, il trouva qu'il fallait laisser ces armesde côté, et il ne se servit plus que d'une fourche de bois ; il attendait que l'animal se levât sur ses pieds de derrière ; alors il marchait à lui, lui prenait le cou dans les deux branches de la fourche, le renversait sur le dos, et le tenait cloué au sol, pendant que des hommes, s'approchant de la bête, lui liaient les pieds de derrière avec des cordes.

Charles faisait des courses furieuses, à cheval, dans la montagne ; il se lançait au galop sur les pentes les plus rapides, courait à toute vitesse le long des précipices, et faillit se tuer plusieurs fois en faisant des chutes terribles. Un matin, qu'il avait quitté le palais à quatre heures, suivi seulement d'un écuyer, il se dirigea sur les bords d'un petit golfe auprès de Stockholm ; l'eau était recouverte d'une couche de glace si mince que les piétons osaient à peine s'y aventurer ; malgré les remontrances de son écuyer, il s'y engagea avec son cheval ; mais, arrivé près de l'autre rive, il trouva la glace brisée ; plutôt que de revenir sur ses pas, il sauta dans l'eau avec son cheval et gagna terre. Pendant l'hiver, il emmenait des compagnons dans un traîneau, montait sur une éminence et, arrivé au sommet, lançait l'attelage au triple galop ; généralement l'équipage culbutait en route, et, plusieurs fois, ses amis furent grièvement blessés ; mais lui se tirait toujours sain et sauf de ces folies.

Ses exercices militaires étaient plus dangereux encore : il organisait des petites guerres dans lesquelles les combattants étaient armés de grenades en carton, dont les explosions brûlaient les vêtements ou blessaient sérieusement. D'autres fois, il figurait un combat naval; les navires étaient munis de pompes à incendie, et les marins d'énormes seringues. Un jour, pendant un de ces combats, le bateau de son ami Horn fut rempli d'eau, prêt à couler; celui-ci, s'étant débarrassé de sa tunique, se jeta dans la mer.

— Est-ce difficile de nager ? lui demanda le roi penché sur le bord de son navire.

— Non, répliqua Horn ; il suffit de ne pas avoir peur.

Aussitôt, Charles se jeta à l'eau et,

sans Horn qui le soutint, il se serait infailliblement noyé.

Ce n'est pas seulement pour son plaisir que Charles se livrait à ces exercices; c'était surtout pour s'accoutumer au danger, s'aguerrir et habituer son corps à la fatigue. Souvent, il quittait son lit aussitôt couché, et, à peine vêtu, passait le reste de la nuit sur le plancher; d'autres fois, en plein hiver, il dormait, tout habillé, sur une botte de paille.

Charles XII avait une taille élancée et fort bien prise. Sa tête, très grosse, surmontée de cheveux rares, courts et hérissés, était singulièrement intelligente. Ses yeux, fort beaux, avaient une remarquable expression de douceur. Il est difficile que le génie ne se trahisse pas extérieurement; c'est alors une beauté, et Charles l'avait au suprême degré. Vêtu d'un habit de drap bleu à basques longues et à larges revers, retenu par des boutons de cuivre, il aurait pu être pris pour un simple officier. Un chapeau à trois cornes, dont les bords n'étaient pas galonnés, des gants de buffle et de grosses bottes complétaient son invariable costume.

Il mangeait peu ; les mets recherchés étaient bannis de sa table, et du jour où il connut les effets du vin, il y renonça complètement.

Les ennemis de la Suède, jaloux de la prépondérance qu'elle avait acquise dans le Nord, et jugeant le jeune roi trop occupé de ses plaisirs favoris pour songer à se défendre, crurent le moment bien choisi pour l'attaquer ; ils formèrent une alliance offensive, qui se composait de Frédéric IV, roi de Danemark ; Auguste II, roi de Pologne, et du Tzar Pierre le Grand ; leur but était de s'emparer des provinces que la Suède avait acquises sur le continent ; cette alliance était l'œuvre du Livonien Johann Reinhold Patkul, dont la patrie avait été annexée à la Suède par Gustave-Adolphe.

Charles XII était à la chasse à l'ours quand il apprit la nouvelle de cette ligue ; il sembla s'inquiéter fort peu de cet événement, et se retournant vers l'ambassadeur de France, lui dit en souriant :

— Nous ferons prendre au roi Auguste, pour s'en aller, le chemin par lequel il est venu.

Et la chasse continua.

Dès son retour à Stockholm, le roi hâta les préparatifs de l'expédition. Il résolut d'attaquer d'abord le roi de

Danemark. Le 3 août 1700, il fit voile vers les côtes du Danemark, et, à la tête de sept mille hommes, débarqua, sous le feu de l'ennemi, entre Copenhague et Elseneur. Quinze jours après, le roi Frédéric signait un traité de paix, par lequel il reconnaissait la souveraineté du duc de Holstein-Gottorp, beau-frère de Charles XII ; le 2 septembre, le roi de Suède rentrait dans sa capitale.

La paix conclue avec le Danemark permit à Charles de courir au secours des provinces suédoises situées sur les bords du golfe de Finlande. Le roi de Pologne assiégeait Riga, et Pierre le Grand menaçait Narva. Charles XII débarqua à Pernau, en Livonie, avec 20,000 hommes et s'avança au devant des Russes, qu'il trouva, au nombre de 50,000, dans un camp retranché sous les murs de Narva. 10,000 Suédois, commandés par Charles, attaquèrent les Russes, les culbutèrent, et leur prirent cent quarante-neuf canons, trente-deux mortiers et cent quarante-six étendards.

Après cette victoire, Charles XII aurait pu, par une paix glorieuse, devenir l'arbitre du Nord; mais, enthousiasmé par ses succès, il voulut châtier le roi de Pologne; il envahit ses Etats, le détrôna et fit élire à sa place Stanislas Leczinski (1703), puis, poursuivant Auguste jusque dans l'électorat de Saxe, il lui imposa la paix d'Altranstadt. Sur la demande expresse de Charles, le Livonien Patkul fut remis entre ses mains; il le fit périr sur la roue. On a de la peine à concilier cette vengeance excessive avec la magnanimité ordinaire du roi de Suède, qui fit preuve, pendant son séjour en Saxe, de la plus grande modération et imposa à ses troupes la plus stricte discipline.

En 1707, après avoir concentré en Saxe 43,000 hommes bien disciplinés et bien montés, Charles marcha sur Moscou, emmenant avec lui 37,000 soldats; les 6,000 restants avaient pour mission de protéger le nouveau roi de Pologne. Arrivé près de Smolensk, il changea de plan, séduit par les promesses de Mazeppa, hetman des Cosaques : dans l'espoir de rallier ces milices à sa cause, il se dirigea vers l'Ukraine. Mais le tzar Pierre avait dévasté leur pays, et Mazeppa ne put tenir ses engagements. La fatigue, le froid, des combats continuels avaient affaibli l'armée suédoise quand elle vint mettre le siège devant Pultava. Avec 70,000 hommes frais, Pierre le Grand en eut facilement raison.

Grièvement blessé à l'épaule pendant une reconnaissance opérée la veille du combat, Charles assista à la bataille porté sur un brancard; mais il ne put animer par sa présence le courage de ses soldats menacés sur plusieurs points à la fois; refoulés par les masses imposantes de l'ennemi, les Suédois durent s'avouer vaincus. Charles vit ses meilleurs généraux et ses plus braves soldats tomber sur le champ de bataille, ou rester au pouvoir de l'ennemi; lui-même fut obligé de prendre la fuite, accompagné seulement de Mazeppa et d'une faible escorte. Forcé de faire plusieurs lieues à pied, malgré sa blessure, il arriva à Bender affaibli, brisé de fatigue, se soutenant à peine.

Les ennemis de Charles XII profitèrent de sa défaite : le roi de Pologne détrôné et le roi de Danemark tentèrent de reprendre les provinces que Charles leur avait enlevées ; mais le général Stenbock, à la tête des milices et des paysans, put protéger les frontières suédoises.

Cependant, le roi de Suède, profitant de son séjour forcé sur le territoire turc, engageait la Porte à déclarer la guerre à la Russie. Les deux armées se trouvèrent en présence le 1er juillet 1711, quand un traité de paix vint arrêter les hostilités. Charles, forcé de rester à Bender, continuait à exciter les Turs; mais ses plans furent déjoués par les agents du Tzar, et le Sultan donna ordre au sérasquier de Bender d'engager le roi à quitter la ville, et, en cas de refus, de l'amener, mort ou vif, à Andrinople.

Peu accoutumé à se voir intimer de semblables ordres et craignant de tomber entre les mains de ses ennemis, Charles se mit en mesure de résister. Attaqué par les Turcs à Varnitza, petit village près de Bender, il se défendit, avec 300 hommes qui formaient sa suite, contre tout un corps d'armée, et ne céda que pas à pas. Le feu ayant pris à la maison où il se trouvait assiégé, il allait la quitter, quand, embarrassé dans les décombres, il tomba ; les Turcs le firent prisonnier. Ses sourcils étaient brûlés, ses vêtements déchirés, ses mains ensanglantées.

Charles XII fut conduit à Demothika, près d'Andrinople. Après y être resté couché dix mois, feignant d'être malade, passant son temps à lire, il se décida à partir. Il se mit en route, déguisé et accompagné de deux officiers. Accoutumé aux privations et aux fatigues, Charles, à cheval jour et nuit, traversa d'une traite la Hongrie et l'Allemagne ; la vitesse avec laquelle il voyageait était telle, qu'un seul des deux officiers put le suivre.

Le 22 novembre 1712, après minuit, il arriva devant Stralsund ; il se fit annoncer comme venant de Turquie et ayant d'importantes dépêches à remettre au commandant de la ville. Celui-ci, dès qu'il vit entrer le faux messager dans sa chambre, s'informa de la santé du roi ; en recevant la réponse, il reconnut la voix de son maître, et, sautant en bas de son lit, il se jeta à ses pieds, embrassant ses genoux. La nouvelle du retour du roi se répandit bientôt dans la ville, dont toutes les maisons s'illuminèrent à l'instant. Peu de temps après, Stralsund fut assiégée par les Danois, les Saxons, les Prussiens et les Russes coalisés ; pendant le siège, le roi de Suède fit des prodiges de valeur ; mais, le 23 décembre 1715, il fut obligé de capituler.

Rentré dans ses Etats, Charles XII, chargeant Gœrtz de négocier avec Pierre le Grand, attaqua la Norvège : s'avançant jusqu'à Christiania, il avait négligé d'occuper quelques châteaux-forts qu'il laissait derrière lui ; cette faute militaire l'obligea à battre en retraite. Il tenta une seconde expédition.

Le 11 décembre 1718 (quelques auteurs disent le 30 novembre), par une nuit tellement froide que les soldats les plus robustes de sa petite armée pouvaient à peine résister aux rigueurs de la température, Charles XII était venu se promener dans la tranchée ouverte devant le château de Frederikshall, ville importante et fortifiée, qui défendait les frontières de la Norwège et commandait l'embouchure du Tistendall. Le roi était accompagné du comte Shwerin et de l'ingénieur français Mégret, qui dirigeait les travaux. Pour mieux juger de l'état de la tranchée, Charles XII monta sur le parapet, ayant derrière lui l'ingénieur et Siquier, aide de camp français du prince de Hesse-Cassel.

Tout à coup, le roi poussa un soupir et tomba mort sur le parapet, le visage tourné du côté de la forteresse. Une balle, le frappant à la tempe droite, lui avait traversé la tête et fait sauter l'œil gauche. Par un dernier mouvement empreint d'énergie, le héros, en tombant, avait porté la main à la garde de son épée.

Charles XII avait trente-six ans.

On regarde comme certain, aujour-d'hui, que ce n'est pas de la forteresse que partit le projectile, et que le roi de Suède fut assassiné. Vainement Voltaire, comprenant qu'un Français, que Siquier pouvait seul être accusé de ce meurtre politique, a généreusement résisté aux convictions unanimes de son époque; mais plus tard, dans un accès de délire, Siquier s'écria : « Je suis l'assassin de Charles XII, c'est moi qui ai tué le roi ».

Telle est la vie du héros que la Suède s'honore, encore aujourd'hui, de compter au nombre de ses rois. L'amour de la justice, la bravoure et la fermeté furent

les principaux traits de son caractère.
Le malheur ne sut jamais l'abattre ;
mais il ne supporta pas le bonheur avec
le même calme. Ses grandes qualités,
son extrême tempérance, son amour du
travail, sa simplicité, ne furent pas
sans mélange de défauts; on lui repro-
chait surtout sa hauteur et sa témérité.

LE TZAR PIERRE LE GRAND

LE TZAR PIERRE LE GRAND

Né le 9 juin 1672 — mort le 8 février 1725.

PIERRE LE GRAND

Pierre Alexievitch, dit le Grand, fils du tzar Alexis Michaïlovitch et de sa seconde femme Natalie Naryschkine, naquit à Moscou le 9 juin (30 mai) 1672 (1). Il n'avait que 4 ans quand il perdit son père, qui laissait le trône à Fœdor, frère aîné de Pierre. En 1682, le jeune roi mourut ; son successeur légitime était alors Jean V ; mais tout le monde était d'accord pour préférer Pierre à ce prince infirme et faible d'es-

(1) Nous suivons le calendrier grégorien ; il y avait à cette époque 10 jours de différence avec le calendrier russe ; aujourd'hui cette différence est de 12 jours.

prit. Cette disgrâce de son frère indigna la grande-duchesse Sophie qui, répandant le faux bruit de l'assassinat de Jean, organisa une émeute suivie de trois jours d'horrible carnage, et, le 3 juillet, fit couronner ses deux frères, gardant le pouvoir pendant leur minorité.

Durant la première période de la régence de Sophie, Pierre fut presque entièrement livré à lui-même; il semblait n'avoir de goût que pour le métier militaire et ne jouait guère qu'au soldat. Lorsqu'il eut onze ans, on lui donna un canon qu'il faisait partir lui-même, sous la direction d'un artilleur nommé Sommer. Peu après, il eut une petite armée formée par le Génevois Lefort, et composée de 50 des enfants nobles qui l'entouraient et partageaient ses jeux et ses plaisirs. Les jeunes seigneurs ne tardèrent pas à briguer l'honneur de faire partie de cette troupe, et bientôt la compagnie devint un régiment ; enrôlé comme simple soldat, Pierre remplissait tous ses devoirs avec une grande ponctualité.

En dehors de ces amusements, qu'il prenait au sérieux, le jeune tzar aimait à interroger tout le monde sur ce qu'il ignorait, essayant de faire toute chose, ce qui faisait dire à la princesse Charlotte-Sophie que « Pierre connaissait déjà quatorze métiers ». Un jour, le prince apprit que les autres nations de l'Europe possédaient un instrument permettant de mesurer les distances sans bouger de place. Lorsque le prince Dolgorouky, envoyé en mission en France, vint prendre congé du tzar, celui-ci le pria de lui rapporter ce merveilleux objet ; à son retour, l'ambassadeur remit à Pierre un astrolabe et un sextant ; mais hélas ! personne ne savait s'en servir. Dolgorouky avoua piteusement qu'il avait oublié de s'informer de ce détail. Le tzar se mit immédiatement à la recherche de quelqu'un connaissant le maniement de ces appareils : il finit par découvrir un Français, originaire de Strasbourg, du nom de Timmermann. Mandé à la hâte, celui-ci mesura la distance qui le séparait d'une maison voisine. Pierre était dans le ravissement, et demanda à apprendre à se servir de l'instrument.

— Volontiers, sire, répondit Timmermann ; mais, avant tout, il vous faut apprendre l'arithmétique et la géométrie.

Le jour même, le tzar se mit à l'étude, et il fut bientôt à même de profiter des leçons de son nouveau professeur.

Peu de temps après, en visitant un magasin où étaient enfermés des objets appartenant à Ivanowich Romanof, Pierre découvrit un canot de construction anglaise ; il le fit porter sur un lac, et de ce jour naquirent ses projets de doter la Russie d'une marine. Ce bateau, précieusement conservé, porte le nom de « grand-père de la flotte russe ».

L'année suivante, en 1689, Pierre épousa Eudoxie Fœderovna, de la famille Lapoukines ; puis, trouvant que la régence de sa sœur, la princesse Sophie, qui n'avait fait que des mécontents, avait assez duré, il la fit enfermer dans un couvent et prit le pouvoir ; mais ce ne fut pas sans une nouvelle effusion de sang. Sophie arma ses partisans, et Pierre, averti à temps du complot qui se tramait contre lui, dut se sauver dans les bois en costume de nuit, et de là gagner à la hâte le couvent de Troïtza ; grâce à Gordon qui réprima l'émeute, le tzar put rentrer à Moscou le 11 octobre.

Pendant les cinq années qui suivirent, Pierre s'inquiéta fort peu du gouvernement de ses Etats, laissant à ses ministres le soin des affaires publiques ; il s'occupa uniquement d'art militaire et de constructions navales. Aidé par Lefort et Gordon, il organisa une armée régulière et se vit bientôt entouré de 20,000 hommes de troupes exercées. En même temps il s'occupait de créer une marine. En 1693, Pierre fit, sur un navire à lui, le voyage d'Archangel, puis affréta plusieurs bâtiments qu'il envoya à Riga et à Dantzig acheter du blé. En même temps il faisait venir d'Autriche des ingénieurs et des artilleurs, et, pour s'ouvrir la libre navigation de la mer Noire, mettait le siège devant Azof (1695). Craignant de ne pouvoir s'en emparer par terre, il établit immédiatement un chantier à Voronège sur le Don ; un an après, il lançait 23 galères, 3 galéasses et 4 brûlots. Cette flotte improvisée défit celle des Turcs en vue d'Azof, et la ville tomba au pouvoir du tzar le 29 juillet 1696.

Afin de conserver une place qu'il regardait comme la clef de la mer Noire, Pierre fit construire cinquante-cinq navires de guerre, et creuser un canal destiné à réunir le Don à la Volga. Mais le tzar était poursuivi par le désir de visiter les nations civilisées de l'Europe, afin de se perfectionner dans l'art

des constructions navales. Après avoir
réprimé une révolte de Strélitz (1), et
dispersé ces miliciens turbulents, il con-
fia les rênes du gouvernement au prince
Romanodofski, assisté de trois boyards,
et partit au mois d'avril 1697, Afin de
voyager incognito, il suivit l'ambassade
composée de Lefort, Golovine et Vos-
nitsyne, qu'il envoyait dans les cours
d'Europe, et se fit passer pour un des
serviteurs des plénipotentiaires. Il traversa l'Esthonie et la Livonie, alors
soumises à la Suède, le Brandebourg,
berceau du royaume de Prusse, le
Hanovre, la Westphalie, et arriva à
Amsterdam.

(1) Strélitz, corps de 40,000 fantassins institué
par le tzar Jean IV. Comme les janissaires en
Turquie, ils devinrent redoutables au pouvoir qui
les avait créés, et les tzars eurent souvent à compter
avec eux.

La vue des chantiers de construction réveilla tout son enthousiasme ; il
se mit à apprendre l'état de charpentier.
A Saardam, il se fit inscrire sous le
nom de Pierre Michaïlof et, pendant sept
semaines, travailla dans un chantier,
vivant dans une cabane qu'il nettoyait
lui-même, préparant ses repas, et ne
quittant la hache que pour écrire à ses
ministres. De retour à Amsterdam , il
fit construire, sous sa direction, un vaisseau de 60 canons qu'il envoya à Archangel. Rien n'échappait à son attention :
il s'exerçait à tous les métiers, allant
jusqu'à entreprendre des opérations
chirurgicales.

Sa prédilection pour la marine le détermina à accepter l'invitation de Guil-
laume III, roi d'Angleterre, et à visiter
Londres. Habillé en marin anglais, il ne

quittait pas le chantier royal et souhaitait souvent d'être amiral d'Angleterre. Après un séjour de trois mois, Pierre se rendit à Vienne, par la Hollande et Dresde; il était sur le point de se rendre à Venise, quand il reçut avis d'un nouveau soulèvement des Strélitz. Il traversa la Pologne à la hâte et arriva le 4 septembre 1698 à Moscou. Gordon, en son absence, s'était rendu maître de la révolte ; il ne restait plus au tzar qu'à punir les coupables. La répression fut terrible : pendant des mois, le sang coula dans la plaine de Preobrajensk et à Moscou. Pierre, inexorable, repoussa jusqu'à l'intervention du patriarche ; il assistait lui-même aux exécutions et un jour s'approcha si près du billot qu'un des condamnés lui cria :

— Place, seigneur ! C'est à moi de me mettre là !

Comme la princesse Sophie était fortement soupçonnée d'avoir fomenté l'émeute du fond de son couvent, le tzar fit dresser 28 potences devant le monastère, et y fit pendre cent trente coupables ; trois d'entre eux tenaient dans leurs mains la supplique que la princesse avait adressée à son frère en faveur des émeutiers. La tzarine Eudoxie, que Pierre n'aimait point, fut comprise dans la proscription et enfermée dans un couvent, ainsi que Marthe, la sœur du tzar.

Tous les soins de Pierre se portèrent alors sur l'organisation de son armée ; bientôt il put disposer de 33,000 hommes bien armés et bien disciplinés ; puis il s'occupa de réformer son empire, d'y introduire les institutions qu'il avait observées à l'étranger et de policer son peuple. La perception des impôts fut simplifiée, l'habillement allemand introduit parmi les fonctionnaires et les bourgeois; les longues barbes proscrites dans les villes et à l'armée ; la suite et le luxe des boyards réduits ; des savants étrangers attirés en grand nombre ; des imprimeries fondées, et des écoles établies dans les principales villes. Enfin, en 1700, le patriarche étant mort, Pierre ne lui donna pas de successeur ; il le remplaça par un Conseil dont les décisions devaient lui être soumises : il prenait en main le pouvoir religieux.

À cette époque, le tzar entra dans l'alliance contre Charles XII et fut défait par le roi de Suède; ce coup terrible n'abattit pas son courage :

— Je sais bien, dit-il, que ces Suédois nous vaincront longtemps ; mais, à la fin, ils nous apprendront à les battre.

Les Suédois ayant tourné leurs armes d'un autre côté, Pierre put réorganiser son armée et se remettre en campagne pour s'emparer de différentes places en Livonie. Afin d'être plus près de la Baltique, le tzar fit construire une citadelle dans une petite île commandant l'embouchure de la Néva ; c'est là l'origine de Saint-Pétersbourg.

Après avoir mis ordre à ses finances, Pierre recommença la lutte contre les Suédois ; le traité conclu entre Charles XII et le roi de Pologne put seul l'arrêter ; il donna ordre à ses troupes d'abandonner la Pologne en ravageant tout derrière elles ; puis il accourut au secours de Pultava et défit entièrement l'armée de Charles XII. Libre de ce côté, il se dirigea de nouveau vers la Livonie, l'Esthonie et la Carélie, qui tombèrent en son pouvoir à la suite de nombreuses batailles.

Cependant, Charles XII, pendant son séjour à Bender, avait réussi à fomenter la guerre entre les Turcs et le tzar; à la veille de livrer une grande bataille, dans laquelle l'armée russe aurait été anéantie, la paix fut signée par les soins de la tzarine Catherine, seconde femme de Pierre; il en fut quitte pour rendre Azof aux Turcs. Il dirigea ensuite ses efforts sur la Finlande dont il s'empara.

Pendant toutes ces campagnes, le tzar servait sur terre, comme officier dans un régiment, et sur mer comme capitaine de vaisseau. Après les victoires que nous venons d'indiquer, il se vit re-

fuser le grade de vice-amiral, sous pré-
texte qu'il ne s'était pas encore assez
distingué pour qu'on le préférât à des
officiers plus anciens ; avec le respect
qu'il professait pour la discipline, Pierre
s'inclina devant la décision du Conseil
de l'amirauté ; mais il se mit en devoir
de gagner son grade. Il battit la flotte
suédoise près de Hangôt ; cette victoire
entraîna la prise des îles Aland. A son
retour à Moscou, le prince Romoda-
novski, qui remplacait le tzar en son
absence, le reçut, et lui conféra le grade
qu'on avait osé lui refuser quelque temps
auparavant.

Après la prise de Stralsund, où
s'était refugié Charles XII, le tzar,
profitant des propositions de paix qui
lui étaient faites par la Suède, fit un
nouveau voyage en Europe ; il vint en

France et visita Paris, où il fit un séjour de quatre mois. De graves événe-
ments attendaient Pierre à son retour
en Russie : son fils Alexis s'était mis à la
tête d'un complot formé par les « vieux
Russes », ennemis de la civilisation que
le tzar voulait introduire dans ses
Etats. Déféré devant un Conseil com-
posé de 124 grands dignitaires, le fils
du tzar fut condamné à mort et exécuté,
avec les principaux conjurés.

La paix allait se traiter entre le tzar
et Charles XII, quand celui-ci fut tué
au siège de Frédérikshall ; les hostilités
reprirent bientôt après et durèrent jusqu'en 1721, où elles se terminèrent par
le traité de Nystadt. Pierre rentrait
en possession de tout le littoral de la
mer Baltique.

La fin de cette guerre du Nord, qui

avait duré 21 ans, sans épuiser les ressources du tzar, fut célébrée par des fêtes magnifiques; le peuple décerna à Pierre le titre de *Grand*, qu'il refusa d'abord, mais qu'il accepta le 22 octobre 1721. L'année suivante, il rendit le décret de succession qui autorisait le Souverain régnant à désigner son successeur, puis il entreprit contre la Perse une guerre qui lui permit d'annexer les villes de Derbend et de Bakou, les provinces de Ghilan, Mazanderan et Asterabad, et de faire de la mer Caspienne un lac russe.

Pendant les dernières années de sa vie, le tzar fit exécuter d'importants travaux de canalisation, fonda une académie des sciences et s'efforça d'épurer le personnel des fonctionnaires en condamnant sans pitié les prévaricateurs.

Cependant Pierre le Grand souffrait d'une maladie aiguë ; il tombait, par instants, dans une sombre mélancolie, qui se manifestait par des accès de fureur.

Dans l'automne de 1724, il se disposait à aller visiter la fabrique d'armes de Sestrabeck, lorsqu'il aperçut une chaloupe montée par des soldats et des matelots, échouée sur un bas-fond ; il courut à son secours, et sans s'inquiéter de son indisposition, entra dans l'eau pour aider à remettre la barque à flot. Il en résulta un refroidissement qui rendit bientôt son état dangereux. La douleur lui faisait souvent perdre connaissance ; mais, dans les instants de répit qu'elle lui laissait, il se consolait en s'entretenant avec l'archevêque Théophane Procopovitch. C'est dans un de ces moments qu'il accorda la grâce de

Mentchikof, son ami d'enfance, qu'il avait dépouillé de tous ses biens pour ses malversations.

Pierre le Grand mourut le 8 février 1725 ; il était âgé de moins de 53 ans. Son règne avait duré 37 ans, et pendant cette période qui semble trop courte pour contenir toutes ses entreprises, le tzar avait transformé la Russie encore barbare en un immense empire et l'avait placée au rang des nations civilisées.

Poitiers. — Typographie Oudin.

www.ingramcontent.com/pod-product-compliance
Ingram Content Group UK Ltd.
Pitfield, Milton Keynes, MK11 3LW, UK
UKHW021455090726
13657UKWH00003B/1364